AF283741

CROMOS

EL REBELDE
ENCANTADOR

ᛗ altamarea

Primera edición en esta colección: marzo de 2026
Título original: *Best. Il ribelle incantatore*

© Ivano La Montagna, 2024
Garrincha Edizioni è un marchio di
© Marotta&Cafiero editori srl presso «La Scugnizzeria»
Via Circum.ne Esterna 20/A 80017 – Melito di Napoli
garrincha@marottaecafiero.it
© de la presente edición: Altamarea Edición de Libros SL
altamarea.es
altamarea@altamarea.es

Diseño de la colección: Sara Maroto Hebrero y Olatz del Arco

ISBN: 978-84-10435-96-4
DL: M-4519-2026

Impreso en España por Estugraf en febrero de 2026

IVANO LA MONTAGNA

Best

EL REBELDE ENCANTADOR

Traducción de
Gabriel Delgado González

Ivano La Montagna (Acerra, 1973) es arquitecto, profesor de arte y escritor. Dentro de esta colección, es autor de los volúmenes dedicados a George Best y Éric Cantona.

A mi abuelo Gaetano,
ferroviario, socialista y futbolista.
A mi padre Salvatore, apodado «Pie Rápido»,
centrocampista de la Acerrana, el pequeño Torino.
A mi hijo Diego,
que vio al Nápoles ganar y a Ciro morir.
A mi hija Isabella,
porque «el balón no es solo cosa de machos».
A mi ahijado Alessandro,
que lloró en Udine la noche del 3.
A mis hermanos-compañeros de la Stella di Mare
—camiseta verde, pantalón blanco—,
dominadores en los años ochenta de los torneos estivales
de Baia Felice.

El cromo
que falta

Goin' up to the spirit in the sky
(spirit in the sky)
That's where I'm gonna go when I die
(when I die)
When I die and they lay me to rest
I'm gonna go to the place that's the best.

Es una estrofa del texto original de *Spirit in the sky*, la canción escrita en 1969 por Norman Greenbaum, publicada en Estados Unidos en 1970 y que triunfó de nuevo en Reino Unido en 1986 con The Doctor & The Medics. Un pequeño toque bastó para cambiar su naturaleza y, de canción religiosa, pasó a himno irreverente dedicado al paradigma de los futbolistas rebeldes. Y es por ese pequeño toque mágico que aún hoy en el exterior de Old Trafford, en la barriga de Old Trafford, en las gradas de Old Trafford, las mismas palabras suben como una ola hacia el cielo;

la misma estrofa, repetida como un mantra tribal por un mar de aficionados con la cara y la camiseta rojas, cada uno levantando su cerveza y todos juntos cantando a pleno pulmón:

> *Goin' up to the spirit in the sky*
> *(spirit in the sky)*
> *That's where I'm gonna go when I die*
> *(when I die)*
> *When I die and they lay me to rest*
> *I'm gonna go to the piss with Georgie Best.*[1]

Una historia de fútbol que no comienza por el estadio y los aficionados, ¿qué clase de historia es? Pero hay que ser claros: lo que George Best representó y aún representa para los aficionados del United y de Irlanda del Norte va más allá de sus impresionantes cualidades futbolísticas, más allá del estadio, más allá de la afición, más allá del juego.

En Inglaterra, Best es una cumbre, una de las encarnaciones perfectas de ese vasto, complejo fenómeno sociocultural que durante más de una década ha sacudido el reino de Su Majestad hasta los cimientos.

---

1 «Cuando muera y me entierren, iré al mejor lugar que existe» pasa a ser, en la versión de los hinchas del United, «[…] iré a mear con Georgie Best». *(N. del T.)*.

Fuertes vibraciones que han generado olas tan altas que llegan hasta el otro lado del Atlántico, por no hablar del viejo y cercano continente. Lo llamarán *British Invasions*.

En los condados de Irlanda del Norte, por el contrario, George representó durante algunos años la máxima y más genuina materialización de los deseos de un segmento entero de la población, de manera transversal tanto a las creencias religiosas como a las posiciones políticas relacionadas: ¡fue, para todos, el chico de los barrios obreros que llegó a lo más alto!

En la película *Belfast,* de Kenneth Branagh, que retrata el ambiente del país exactamente como era a finales de los años sesenta, hay una escena emblemática. El abuelo Pop y su nieto Buddy tienen una íntima conversación «filosófica» en la que el anciano le pregunta al niño:

—¿Tú por qué rezas?

La respuesta del pequeño es esclarecedora:

—Cada noche le pido a Dios que haga que cuando me despierte por la mañana sea el mejor futbolista del mundo.

¿No es obvio en quién piensa el travieso Buddy? Está pensando que su deseo no es imposible. ¿Y por qué? ¡Porque a George Best ya le pasó! Best es como la carpa de la tradición china, ese pez que está tan loco que se atreve a saltar fuera del río desafiando su naturaleza y su destino: morir o transformarse en dragón. Es el ídolo que infunde coraje, el héroe que está ahí para demostrar que todo es posible.

En Inglaterra, Georgie —como lo llaman allí cariñosamente— vive con la camiseta de los *Red Devils* la mejor parte de su destino, el ascenso triunfal y fulgurante hasta lo más alto del fútbol «que importa». La roja es la camiseta mágica con la que el dragón vuela, se convierte en icono, y el mundo puede finalmente verlo no ya desde abajo, por las callejuelas de una periferia incendiaria, sino en un trono dorado en el corazón del Imperio.

En Irlanda la música suena diferente. En Irlanda la camiseta es de otro color, el verde esmeralda de la selección; es la camiseta que representa, de su destino, todo o casi todo lo que pudo haber sido y nunca fue. Es la camiseta que lo lleva de vuelta a la tierra, la que lo trae a casa, a la «normalidad» y, junto a sus inquietudes más profundas, a los *Troubles* de su país, de su familia y de su corazón de niño tímido.

Dos camisetas, la roja y la verde, opuestas y complementarias, al igual que en el círculo de Itten y su teoría de los colores. Los colores que un jugador viste definen y organizan la cronología de sus militancias; la historia de un futbolista se cuenta por temporadas y por colores, se cuenta a través de la camiseta: el cofre que recoge fortunas y desgracias.

A propósito de militancias, por suerte Best nunca quiso/debió alinearse con los católicos o con los protestantes (cuando casi todos sus amigos en Belfast se vieron obligados a hacerlo) ni tuvo, de hecho, que elegir realmente una chaqueta. De padre orangista, nació en una familia protestante pero, por su naturaleza, jamás abrazó ninguna «causa» ni dentro ni fuera del campo. En cuanto a las camisetas que tuvo, las dos más importantes de su vida le vinieron como un regalo del destino. Como es sabido, el destino no carece de ironía.

A Geordie —como lo llamaban cariñosamente en Irlanda— le hubiera gustado jugar para el Glentoran, que viste tres colores: verde, rojo y negro. Hace la prueba, pero nada. El chico, que en ese momento ya ha crecido hasta el metro setenta y cinco, es descartado, oficialmente, por ser demasiado delgado. Pero, desde un punto de vista narrativo, es mucho más interesante decir que fue descartado porque el destino decidió que todos esos colores juntos eran demasiados. Entonces, el destino, con la cara de Bob Bishop, ojeador del Manchester United, se dirige a la oficina de correos más cercana y envía un telegrama a Matt Busby, el legendario entrenador del United, para decirle que prepare una camiseta. Más precisamente, parece que escribió: *«I've found you a genius!»*. Así es como la camiseta más codiciada, la roja soñada, cae sobre él. El chico, loco, incluso intenta darle la espalda al destino. Después de la primera noche lejos de casa, ¡huye! Pero el destino no se detiene, lo persigue hasta Cregagh Estate, llama a su puerta, lo atrapa y lo lleva de vuelta a donde estaba llamado a ir: la casa de Mrs. Fullaway en Aycliffe Avenue, Mánchester, donde se alojan los jóvenes talentos del United.

La otra camiseta, la verde, en cambio, había sido decidida antes, mucho antes, el 22 de mayo de 1946; en ese caso el destino no tenía la cara de Bob Bishop, sino la de Anne Whiters, que no enviaba telegramas sino que, al contrario, gritaba, en un hospital de Belfast; gritaba fuerte para traer al mundo a su hijo: George Best, el mejor jugador que Irlanda del Norte ha tenido y acaso tenga jamás.

Todos los jugadores, temporada tras temporada, campeonato tras campeonato, son inmortalizados con la camiseta de un determinado color, de cintura para arriba, con la mirada más menos orgullosa y/o sonrientes, con el fin de confeccionar esas pequeñas obras de arte capaces de robar el corazón de los aficionados, grandes y pequeños: los cromos. En Nápoles, que en su lengua rica y colorida conserva la precisión del espíritu filosófico de los griegos, los cromos también se llaman *ritrattielle,* es decir, pequeños retratos. El cromo es el equivalente moderno del retrato que, desde la Antigüedad, consagra la autoridad, la fama y el prestigio social de un personaje. De frente o de perfil, sobre piedra o sobre lienzo, mejor aún si es sobre el metal de una moneda, el retrato hacía escapar del olvido, hacía entrar en la historia, situaba entre los grandes hombres, daba a conocer al sujeto a sus descendientes y a las masas.

Exceptuando a las estrellas del cine y de la música, nadie más que un futbolista puede ser comparado hoy en día —por lujo y notoriedad— a un aristócrata, a un *princeps* o, incluso, a una antigua divinidad. Sin el cromo, no existes. El cromo define el valor del jugador, y el jugador, el del cromo. El vínculo se remonta a los albores de la fotografía (de 1895 data, al parecer, el más antiguo conocido) y se consolidó en las primeras décadas del siglo pasado, cuando el fútbol —el juego nacido precisamente en Inglaterra— amplió vertiginosamente su séquito de aficionados. En este aumento de la popularidad a nivel global resultaría determinante la institución de los Mundiales.

Entre los cromos, por supuesto, también hay jerarquías: forma, tamaño, calidad. Hay cromos normales para los jugadores sencillamente buenos y, luego, cromos especiales, imágenes sagradas de las grandes estrellas que aceleran el latido del corazón mientras se abre el sobre.

Por supuesto, Best, en cuanto leyenda, tiene muchos de esos cromos de los que hablamos, aunque todos o casi todos son con la camiseta roja. Los otros son fieles testimonios del tumultuoso caos en el que pronto se precipitaron la vida y la carrera del inquietísimo genio: Jewish Guild (Johannesburgo, Sudáfrica), Dunstable Town (Inglaterra), Stockport County (Inglaterra), Cork City (República de Irlanda), Los Angeles Aztecs (California, Estados Unidos), Fulham (Inglaterra), Fort Lauderdale Strikers (Florida, Estados Unidos), Hibernian (Escocia), San Jose Heartquakes (California, Estados Unidos), Hong Kong Rangers (Kowloon, China), AFC Bournemouth (Inglaterra), Brisbane Lions (Australia), Osborne Park Galeb (Australia), Nuneaton Borough (Inglaterra). ¿Los más bonitos sin duda? Aquellos en blanco y negro que lo inmortalizan con la camiseta del Tobermore United, el equipo de un pueblo perdido de seiscientos habitantes en el condado de Derry. ¡Tercera división norirlandesa! El romántico Best es contratado para jugar un partido de la Copa de Irlanda del Norte contra el Ballymena United. Difícil contener las lágrimas al pensar en el dorado triturador de carne en que se ha convertido el fútbol de hoy. El partido termina con una derrota por 0-7, pero poco importa. Ese día, el 11 de febrero de 1984, un pequeño campo en las afueras del Imperio,

Fortwilliam Park, es asediado por cuatro mil personas que se apresuran a ver los últimos toques de la leyenda, para atrapar una reliquia de lo que será el último *match* de uno de los últimos héroes del fútbol romántico.

En esta extraña, larga lista de cromos que traza una tortuosa ruta a través de todos los continentes, son rarísimos, prácticamente imposibles de encontrar, aquellos en los que aparece con la camiseta verde de la selección nacional. Y los pocos que hay no son «el» cromo. En la galería personal de George Best, lo que falta es sin duda la imagen más importante en la carrera de un futbolista: el cromo del Mundial. Otros grandes talentos, como Paul Gascoigne, Marco Van Basten o nuestros Gigi Riva y Paolo Maldini, ya vieron cómo se desmoronaba su sueño de ganar un Mundial. ¡Pero en este caso hay que señalar, incrédulos, que George Best nunca puso un pie en un Mundial! Para acceder a este club «bastardo» —en el que encontramos a otro gigante como Di Stéfano—, parece que la camiseta de los *Red Devils* sea una especie de *porta inferis*. Parece como si la casaca roja de Mánchester exigiera a sus hijos adoptivos un tributo particularmente elevado. El atroz impuesto que pagó Best también lo ha sufrido, por ejemplo, el talentoso y laureado Ryan Giggs (treinta y seis títulos con la misma librea), pero sobre todo fue víctima, antes que este último, otro gran hombre, además de futbolista legendario: su compañero Éric Cantona. *The King,* como lo bautizaron los aficionados del United, fue expulsado definitivamente de la selección francesa después del episodio de Selhurst Park: la patada voladora que le propinó al hincha del Crystal Palace, militante de extrema derecha, que le había gritado insultos racistas. Un tipo, Cantona, que a Best obviamente le gustaba muchísimo, hasta el punto de hacerle decir un día: «Daría todo el champán que he bebido en mi vida por poder jugar a su lado un partido de Champions League en Old Trafford».

¡Santo cielo! Solo hay que cerrar los ojos y tratar de imaginar qué hermoso sueño sería verlos divertirse juntos en medio del campo.

Hablando de milagros, Geordie ha obrado muchos, incluso con la camiseta verde, pero nunca en los escenarios más importantes que un jugador puede pisar. No en los de la Copa del Mundo o la Eurocopa. Cuando su selección consiguió el pase para el Mundial de Suecia 1958, tras eliminar nada menos que a Italia y Portugal, Best tenía apenas doce años, era demasiado pequeño. Y tenía ya treinta y seis cuando, en 1982, Irlanda del Norte finalmente volvió a clasificarse, ahora para el Mundial de España. Billy Bingham, el entonces seleccionador nacional, titubea, está a punto de llamarlo, pero al final toma la decisión opuesta. Best era demasiado «viejo» y demasiado amigo de la botella como para arriesgarse. Así es como se disuelve la última oportunidad de ver al fenómeno interpretar su papel en el gran teatro del fútbol y, por consiguiente, de verlo inmortalizado en «el» cromo. Para compensar este grave vacío, hace unos años, en 2021, la Fondazione Modena Arti Visive y el Museo della Figurina organizaron una exposición titulada «Eurogol: 60 anni di Europei in figurine» («60 años de Eurocopas en cromos»). Para la ocasión, en el Palacio de Santa Margherita, se expusieron cromos «especiales» diseñados específicamente para todos los grandes iconos del fútbol; aquellas estrellas internacionales en camiseta y pantalones cortos, incluyendo a Best, que se habían quedado sin inscripciones ni «retratillos». Un año después de la muerte del ídolo, el Ulster Bank decidió homenajearlo con una serie limitada de billetes, un millón de piezas de cinco libras. Esta vez, en el papel que cuenta y que se cuenta, George es representado, *ça va sans dire,* con las dos camisetas del destino. En el centro, más grande, la efigie a medio busto vestido de verde; a la derecha, todavía con los colores de la selección, de cuerpo entero, en la postura típica de la finta antes de su imprevisible *dribbling;* y, finalmente, a la izquierda, haciendo una volea, con la camiseta roja de la gloria. Los billetes se agotaron en muy pocas horas, tras largas colas para conseguirlos, y en aún menos tiempo la codiciada reliquia aumentó su valor en las subastas, convirtiéndose en un deseo imposible para cientos de miles de admiradores, aficionados y coleccionistas, esparcidos por todos los continentes donde George Best llevó «la diversión pura», donde fuera que regalase la poesía del balón.

Be(lfa)st

When my love said to me
Meet me down by the gallow tree
For it's sad news I bring
About this old town and all that it's offering
Some day troubles abound
Some day soon they're gonna pull the old town down
One day we'll return here
When the Belfast Child sings again.

SIMPLE MINDS,
Belfast Child

Belfast, Mánchester y Liverpool, si se intenta conectarlas, forman un triángulo de superficie mínima. Esto se debe a que el trecho que separa en el mapa las dos ciudades británicas es tan pequeño que la figura parece comprimirse en un único segmento. No es casualidad, entonces, que la historia del chico más famoso primero de Belfast y luego de Mánchester tenga tantos puntos de intersección con la de los cuatro chicos más famosos de Liverpool.

En este reducido espacio (menos de sesenta kilómetros de distancia) y en un lapso relativamente corto (cerca de una década), las dos ciudades hermanas —pero futbolísticamente «enemigas»— se convirtieron en una única y mágica fábrica de obras maestras. Poemas inmortales toman forma gracias a cuatro colosos que, instrumentos en mano, se divierten jugando en un escenario, y a un genio que, balón al pie, toca una música increíble en medio del campo. No hay ejemplo más adecuado para explicar por qué los ingleses usan el mismo verbo, *to play*, para lo uno y para lo otro.

Como todo el mundo sabe, en los años sesenta estalla en Inglaterra la «Beatlemanía». Un verdadero cuento de hadas moderno en el que cuatro tímidos escarabajos, transformados no en principitos sino en barones, salen de una «caverna» para invadir pacíficamente todo el globo hasta convertirse en los señores indiscutibles de la música y la cultura pop. No todos, pero casi todos —sobre todo entre los aficionados al fútbol— saben que, a partir de 1966, a los cuatro Beatles se añade un quinto componente: los *Fab Four* se convierten en *Five*. De regreso de Lisboa, en el aeropuerto de Londres baja por las escaleras del avión un joven de diecinueve años con un gran sombrero. Acaba de consumar un sensacional doblete al casi invencible Benfica de Eusébio en los cuartos de final de la Copa de Europa, y la prensa portuguesa —vista la inspiración y el corte de pelo del artista— lo ha rebautizado inmediatamente como «el quinto Beatle». En el suplemento especial del periódico *Men (Manchester Evening News)* con doce páginas dedicadas a la carrera de Best, junto a la foto que lo inmortaliza con el sombrero mexicano, hay un gran titular, un juego de palabras que transforma el *Twist and Shout*, baila y grita, de la canción-estribillo de los Beatles, en *Twist and Shoot,* dribla y tira. Traducción que encuentra muy buen apoyo en el episodio que involucra a Best después del partido que jugó bajo amenazas contra el Newcastle. A la broma del entrenador de los *Magpies* («urracas» es el apodo dado a los jugadores blanquinegros), «habría preferido que alguien le hubiera pegado un tiro a ese cabrón», George responde rápidamente con una de sus míticas frases: «Lo siento, Joe, el único disparo que has visto es el que ha precedido a mi gol».

Menos conocido, pero interesante, es el hecho de que George, el quinto Beatle, no habría sido el primer Best en entrar en la reconocida banda, ya que desde el año 60 hasta el 62, antes de Ringo Starr, el batería fue un tal Pete Best. Tan famosas como divertidas son las ilustraciones que muestran a George Best en el paso de cebra de Abbey Road con botas de fútbol, vestido de *Red Devil,* ora poniéndose a la cola de la banda, ora sosteniendo el esférico en equilibrio sobre la cabeza, entre Ringo y su tocayo Harrison. Aún más bonita es la obra en la que, Balón de Oro en mano, Georgie toma el lugar de Paul (desplazado a la derecha de John) asomándose desde la barandilla del palacio de Manchester Square, la sede londinense de EMI, redefiniendo así la icónica portada de *The Red Album.* Macca y Lennon, ellos también, fueron los primeros y más importantes artistas de fama mundial en protestar después de los graves y sangrientos hechos ocurridos en 1972 en la Irlanda de Best. El primer *Sunday Bloody Sunday* en cobrar fama no fue escrito por el irlandés Bono Vox de U2, sino por John y Yoko. De una canción de los Beatles, *Yellow Submarine,* siempre con las modificaciones necesarias, viene el coro de despedida que los aficionados cantaron a George desde las gradas de Old Trafford frente a los dirigentes históricos del United y frente a su hijo Calum, emocionado hasta las lágrimas. Aquella noche sucedió que, a los pocos días de la muerte de Best, todavía cómplice el destino, el United se enfrentó al West Brom, después de cuarenta y dos años exactos, el mismo equipo contra el que George había hecho su debut como titular con la camiseta roja. Una noche mágica en la que todo el estadio despidió al legendario 7 llevando una careta con su foto y cantando: «*We all live in a Georgie Best World*». En 2006 se convierten en dos los Beatles a los que se ha dedicado un aeropuerto: el primero, John Lennon, había tomado en 2002 el corazón y el cielo de su Liverpool; el segundo, George Best, que se apoderó del cielo y del corazón de Belfast City, su Belfast. Muchos de los que quieren sumergirse en la historia de la ciudad que vio nacer al campeón comienzan el viaje desembarcando en los condados de Irlanda del Norte, precisamente en este puerto (y quien escribe no pudo, por cierto, evitarlo). Belfast sigue siendo una parada obligatoria para cualquiera que decida absorber intelectual, emocional y físicamente la atmósfera de la que se embebió «el mejor jugador del mundo». Y, sí, el juicio puede parecer tan perentorio como para hacerle torcer el gesto a muchos, pero hay que resignarse sin embargo al argumento de autoridad, porque se trata de la opinión que formuló el ciudadano brasileño Edson Arantes do Nascimiento: Pelé.

George y Belfast, Belfast y George: un binomio inseparable; la representación, al máximo nivel, de que el fútbol es un fenómeno complejo y muy alejado del simple «perseguir una pelota sobre un rectángulo de hierba durante noventa minutos». La ciudad, años después, todavía habla de su héroe y de sus hazañas deportivas. Incluso las paredes exudan simpatía y amor por aquel hijo predilecto que, en un periodo histórico trágico —es la definición correcta—, supo regalar a su gente lo que la política ya no podía prometer: una tregua. Una pausa de las tribulaciones y del dolor de la guerra. Noventa minutos que llenaban casi todo el país de paz, felicidad y orgullo. Sin embargo, tanto en la vida de Best como en la de Belfast, parece que nada pueda suceder sin que haya conflicto. Incluso un gesto como el del cambio de nombre del aeropuerto, decidido por las autoridades para celebrar al ídolo de todos, se convirtió en motivo de tensiones y fuertes polémicas entre los habitantes de la ciudad, divididos una vez más, *half and half,* ahora sobre la necesidad o la oportunidad del homenaje.

Antes que hijo de *Northern Ireland,* George es hijo de Robert, un obrero de los astilleros Harland & Wolff de East Belfast (aquellos famosos por haber parido el Titanic). Enamorado del balón desde muy temprana edad, el chico crece y quema etapas hasta alcanzar la cima de su carrera en 1968, cuando, militando en las filas del Manchester United, con solo veintidós años, gana la Copa de Europa y el Balón de Oro. Todo esto sucede en apenas siete temporadas, mientras en casa, día tras día, año tras año, aumentan los problemas: *the Troubles.* Esta es la fórmula, breve y eufemística, que el Gobierno británico utiliza para enmarcar y minimizar (como siempre ha hecho con sus oponentes) una verdadera guerra civil entre los republicanos irlandeses, casi todos católicos, y los unionistas, leales a Su Majestad y casi todos protestantes.

La final que lleva a Best y a los *Red Devils* a lo más alto de Europa tiene lugar el 20 de mayo del 68, el año de la consagración. *Nomen omen,* Best se convierte en el mejor de nombre y de hecho al coronarse en la decimotercera edición del premio instituido por la revista *France Football:* el Balón de Oro. El codiciado galardón se le entrega el 24 de diciembre, la víspera de Navidad de un año fatídico. En medio de estos dos triunfos, el 5 de octubre, asistimos a la feroz represión que ejercen la policía y tropas paramilitares unionistas contra una manifestación pacífica por los derechos civiles convocada conjuntamente por la Northern Ireland Civil Rights Association y por People's Democracy, una asociación estudiantil de izquierdas.

Es así como en *Free Derry* (como la llaman los habitantes católicos republicanos), *not Londonderry* (como es para los protestantes), comienza —y no solo simbólicamente— esa larga y sucia guerra civil que durante treinta años iba a causar miles de muertos y heridos, con grandes daños a ambos lados de las barricadas.

Y en 1969 la violencia estaba tan extendida que incluso en Belfast el ejército británico se vio obligado a hacer un despliegue masivo en las calles. Afortunadamente, en su momento George no fue blanco de ningún francotirador sino del bueno de Bishop, y salió para Mánchester en plena adolescencia, con apenas quince años, por lo que el conflicto lo vivió desde un lugar lo bastante lejano, como un eco desagradable. No fue así para su familia.

El barrio donde nació y creció, el suburbio de Cregagh Estate, es claramente protestante en su mayoría; el padre, además, es miembro de la Orden de Orange, una asociación activa en la reivindicación de los derechos e intereses del Ulster. Su casa está enclavada en una zona bastante candente de la ciudad, y su hermana, cuenta Geordie en su despiadada autobiografía, se ve obligada a cruzar las bombas de humo para ir a misa, donde participa en el coro de la iglesia.

En 1970 nace «Oglaigh na hÉireann», el casi impronunciable nombre gaélico del «IRA provisional», una tenaz organización paramilitar que se escinde del IRA porque lo considera demasiado blando a la hora de perseguir la unificación definitiva del país. En el lado opuesto, por obvia correspondencia se radicalizan las milicias extremistas protestantes. El Gobierno irlandés y el británico siguen oficialmente dedicados a observar.

Best, con las sombras que ya se amontonan sobre su persona y su carrera, decide regresar ese año a Belfast; quiere volver a casa para las bodas de plata de sus padres. Dado que su comportamiento sobre suelo británico comienza a causarle no pocos dolores de cabeza, también regresa con la esperanza de hallar un poco de paz para sí mismo. Pero se desengaña rápidamente. Está decepcionado y molesto por lo que encuentra dentro y fuera de casa. Su madre ha empezado a beber y a mentir a su padre. En las calles ya no hay niños que juegan al fútbol, sino vehículos blindados y tanques del ejército. Es un asedio, dentro y fuera de su alma, agravado por la enorme presión que ejerce la prensa, omnipresente.

El malabarista que en el campo siempre encuentra soluciones inimaginables para eliminar a los adversarios como si fueran bolos no es capaz de elaborar una explicación adecuada a lo que ven sus ojos azules. Ni siquiera escarbar en la memoria le sirve para encontrar un punto de apoyo, alguna razón plausible que haya desencadenado la tragedia en la que sus compatriotas están sumidos. La mente vuelve continuamente, aunque dispersa, a los pocos días felices. *Yesterday, all my troubles seemed so far away, now it looks as though they're here to stay.* Reaparece entonces el frágil George, metro sesenta, cincuenta kilos, que se escabulle hacia la cancha del Cregagh, justo detrás de casa. Recuerda con precisión que en aquellos tiempos la única explosión que se podía sentir era de alegría, la explosión de la vida, la alegría del cuerpo al que durante horas y horas se le permite correr detrás de la pelota. Sabe con seguridad que en aquel estado de embriaguez nadie —y menos con la miseria que había entonces— perdía el tiempo ni se hacía mala sangre con la fe religiosa a la que cada cual perteneciera.

El Glentoran y el Wolverhampton son los equipos que más le importan y en los que más piensa antes de convertirse en un diablillo rojo. El Glentoran, para el que hace una prueba, no es exactamente el equivalente protestante del católico Belfast Celtic (club que hasta entonces se había disputado el primer puesto con el sectario Linfield), pero, de todos los equipos protestantes de Belfast, es el que cuenta con mayor número de jugadores católicos entre sus filas. Muchos son los católicos que apoyan a los *Glens* en las gradas de The Oval, las mismas en las que a George *the kid* le gusta pasar el rato. «No —sigue repitiéndose—, nadie en aquella época habría apostado a que pasaría esto. ¿Quién podría haber imaginado que la situación política iba a degenerar de manera tan catastrófica?».

Entre finales de junio y principios de julio de 1970, es decir, cuando George piensa en volver a casa en busca de un poco de normalidad, se producen dos situaciones gravísimas, tanto en el este como en el oeste de Belfast. Primero, el asedio de la iglesia de St Matthew, en el enclave católico de Short Stand, rechazado por el IRA; luego, un estricto toque de queda de treinta y seis horas que impone el ejército británico en la zona de Lower Falls, otro enclave del IRA, con registros exhaustivos, casa por casa, en busca de depósitos militares.

Cuatro muertos, ochenta heridos, trescientos treinta y siete arrestos.

Consecuencias de las acciones: un sentimiento cada vez más difundido de hostilidad hacia el Gobierno británico y la cada vez más incurable, feroz contraposición entre las facciones en lucha; el inicio de una espiral imparable y harto funesta.

Asaltado por la tristeza, el remordimiento y la culpa, Best trata de sacar a su familia del polvorín en llamas, pero los padres no atienden a razones. De abandonar el 16 de Burren Way por problemas políticos, ni hablar. Es una cuestión de orgullo.

Sombras. Más sombras sobre las espaldas del campeón. Más sangrientas preocupaciones lo asaltan, formando otro de los afluentes que alimentan el río de su ya latente depresión. *Miss Bottle,* al principio solo una divertida y desinhibida cómplice de calaveradas nocturnas, se convertirá en su única y verdadera esposa, la única compañera a la que permanecerá fiel durante las necesarias y cada vez más recurrentes huidas de la realidad. El año siguiente, 1971, marca el punto de no retorno. Best recibe amenazas de muerte por parte del IRA antes del partido de liga contra el Newcastle. Pero en ese momento él, que odia las imposiciones, decide que no puede abandonar al equipo y sale al campo a pesar de las profundas preocupaciones que lo atormentan, por sí mismo y por sus compañeros. En St James' Park Georgie marca el gol de la victoria sin que, afortunadamente, haya consecuencias de ningún tipo. Pero el ambiente se enrarece. Amenazas de ese tipo, en un momento como ese, no podían tomarse a la ligera. Las malas lenguas lo acusan de haber financiado al grupo «ultralealista» del reverendo Ian Paisley, el Partido Unionista Democrático, acérrimo enemigo de los católicos hasta la firma de los acuerdos. El jugador lo niega repetidamente y con vehemencia. Quiere borrar por completo las sospechas. Pero ya se sabe cómo funciona: una vez insinuadas, son muy difíciles de erradicar, y terminan envenenando el corazón de un hombre que, ante la enésima pregunta de un periodista sobre si es el mejor, declara sinceramente que ha jugado al fútbol siempre y solo para los corazones de los aficionados, para su pura alegría y la de los hinchas. Debido a las citadas amenazas, será necesario aplazar unos meses el partido internacional contra España correspondiente a la fase de clasificación para la Eurocopa; el encuentro, por razones de seguridad, deberá disputarse fuera de Irlanda. Se jugará en Escocia. La decisión de George de no salir al campo en esta ocasión enfurece a sus compatriotas. El partido termina 1-1. Tanto Irlanda del Norte como España quedan fuera; el pase será para la Unión Soviética. En los demás partidos del grupo,

Best, descentrado, no es capaz de marcar; anota un solo gol, de penalti, contra Chipre.

El cuadro general es más que sombrío, y parece ir a peor. Todo parece listo para lo que pasará a la historia como el «Domingo Sangriento».

El 30 de enero de 1972, el Primer Batallón del Regimiento Paracaidista de Su Majestad dispara contra los manifestantes católicos y mata a trece personas. En esa época, el quinto Beatle aprieta al máximo el acelerador de la vida. Vidas, en efecto, vive por lo menos dos. Una de puertas afuera, en la superficie, resplandeciente como la galería de los espejos de Versalles, con éxitos, fiestas, venus y coches de lujo. Otra, bajo la corteza, en la que hierve un magma de color negro, con derrotas, alcoholismo, soledad y depresión. En ambas, Geordie siente la falta de su padre; del mismo modo, acusa la ausencia de una figura paterna en el vestuario. Más tarde llegó a decir que, con un *sir* Alex Ferguson a su lado, tal vez su vida y su carrera habrían tomado un rumbo distinto.

Ante la tragedia del Domingo Sangriento, los otros ex Beatles, John y Paul, tampoco pueden quedarse de brazos cruzados, así que reaccionan rápida y ardorosamente; se ponen manos a la obra, dan la cara desde su posición de grandes figuras públicas. Producen dos canciones diferentes, pero de idéntico propósito y con un mensaje feroz hacia la madre patria. Lennon siempre se había mostrado cercano a las reivindicaciones de la minoría católica, y había participado en la manifestación celebrada en Londres por la retirada de las tropas. Se acababa de mudar a Nueva York con Yoko Ono cuando se enteró de los gravísimos hechos y, como pacifista convencido, escribe enseguida un texto cáustico. *Sunday Bloody Sunday* sale en Estados Unidos el 12 de junio. La bomba llega al Reino Unido el 15 de septiembre.

> *You anglo pigs and Scotties*
> *Sent to colonise the North*
> *You wave your bloody Union Jacks*
> *And you know what it's worth*
> *How dare you hold to ransom*
> *A people proud and free*
> *Keep Ireland for the Irish*
> *Put the English back to sea.*[2]

Un tema musicalmente duro y vocalmente estridente que más que desahogar la rabia parece alimentarla;

2   «Vosotros, cerdos anglos y escoceses, | enviados a colonizar el Norte, | que enarboláis vuestras malditas Union Jacks | —y ya sabéis lo que valen—, | ¡con qué derecho tomáis como rehén | a un pueblo orgulloso y libre! | Dejad que Irlanda sea de los irlandeses, | devolved a los ingleses al mar». *(N. del T.).*

es, no cabe duda, un himno de protesta, pero, antes que una fiera marcha con ritmo marcial, se trata de una canción con el poder evocativo que tiene el grito en el *Guernica* de Picasso (del que, casualidad o no, existe una reproducción en un mural precisamente en Derry).

Paul no se quedará atrás, incluso es más rápido que su fraternal amigo. Menos de un mes después de la masacre, el 25 de febrero, lanza *Give Ireland back to the Irish.* Un texto seco, que no da pie a dobles lecturas, rápido y devastador como una diagonal del «quinto escarabajo» sobre el césped en campo rival. En la grabación también participa el guitarrista irlandés Henry McCullough. Macca va al grano y nos arrastra a los hechos. «Era la primera vez que la gente se preguntaba sobre lo que estábamos haciendo en Irlanda. Fue muy impactante. [...] Sabía que *Give Ireland back to the Irish* iba a traer complicaciones, pero me parecía que era lo que había que hacer en ese momento, sencillamente. [...] Al hermano de Henry, que vivía en Irlanda del Norte, le dieron una paliza por culpa de la canción. Unos matones habían descubierto que Henry tocaba con los Wings».

Give Ireland back to the Irish
Don't make them have to take it away

Give Ireland back to the Irish
Make Ireland Irish today
Great Britain you are tremendous
And nobody knows like me
But really, what are you doing
In the land across the sea?
Tell me, how would you like it
If on your way to work
You were stopped by Irish soldiers?
Would you lie down, do nothing?
Would you give in, or go berserk?[3]

Si Lennon recibe críticas muy duras, la pieza de McCartney es completamente censurada; este primer sencillo con su nueva banda, Wings, es ahogado al nacer y se le niega cualquier tipo de difusión en el Reino Unido.

Desde el Domingo Sangriento de 1972 hasta el acuerdo de paz del Viernes Santo firmado en 1998 —tras la llegada del laborista Tony Blair al 10 de

3 «Devolved Irlanda a los irlandeses, | no los obliguéis a tomarla por la fuerza. | Devolved Irlanda a los irlandeses, | haced que Irlanda sea irlandesa hoy. | Gran Bretaña, eres formidable | y nadie lo sabe como yo. | Pero ¿qué estás haciendo realmente | en la tierra al otro lado del mar? | Dime, ¿te gustaría | si, de camino al trabajo, | te detuvieran soldados irlandeses? | ¿Te quedarías quieto, sin hacer nada? | ¿Te rendirías o enloquecerías?». *(N. del T.)*.

Downing Street—, hay un monstruoso goteo alimentado por una obtusa intransigencia.

Bombas, asaltos, devastación, masacres, largas detenciones sin juicio, torturas, muertos y más muertos entre civiles y militares, daños, enormes daños: es la larga, oscura y dolorosa etapa que coincide con el gobierno de la Dama de Hierro (primera ministra de 1979 a 1990).

En el poder, la Thatcher no se mueve más que en línea recta; la única curva que se permite es la siempre rígida de su inmutable peinado. No atiende a razones, no hay diplomacia para lo que considera, única y exclusivamente, actos de terrorismo. Bajo sus directrices, el conflicto alcanza el punto máximo de tensión y de acción.

La historia entre la Dama y los *Troubles* irlandeses merece un capítulo aparte. Aquí se puede resumir bien con las palabras que Gerry Adams, presidente del Sinn Féin (el brazo político del IRA), pronunció el día de la desaparición de aquella: «Margaret Thatcher causó un gran daño al pueblo, británico e irlandés, durante su mandato como primera ministra». Ante cada desastre de este tipo, entonces en Irlanda como hoy en Palestina, resuenan las sentencias que acompañan a algunos de los famosos grabados del maestro Francisco de Goya sobre el tema de la guerra: «Grande hazaña, con muertos», «Y no hay remedio».

Entre 1972 y 1974, el United y Best decayeron clamorosamente, juntos y de mala manera. George juega su último partido con el uniforme de los *Red Devils* el 1 de enero del 74; luego, la expulsión definitiva por motivos disciplinarios. Al final de esa temporada, el Manchester United desciende tristemente a la segunda división.

Telón.

El último partido del genio con su selección es, sin embargo, el 12 de octubre de 1977; de nuevo, contra la Holanda de *Meister* Cruyff, después de haberse enfrentado el año anterior. Irlanda del Norte pierde por 0-1.

Para George, estrella ahora más en las revistas y en anuncios publicitarios que en el rectángulo de juego, ha llegado el momento de la aventura americana: dinero, otras fiestas y otras mujeres, otros bares, llamadas de inspiración en cada regreso a casa, y todavía algo de magia para regalar a los aficionados del campeonato local (la NASL), en el que militan muchas viejas glorias del fútbol mundial, incluyendo a Pelé.

Belfast queda muy lejos. Los Ángeles y Hollywood reciben a la estrella como si fuera solo para ellos. También le dan algo muy importante: una esposa, Angie, y, a principios de los años ochenta, un hijo, Calum.

El hedonismo desenfrenado y los Estados Unidos de aquella época son sin embargo un todo en uno, y para un alma inquieta como la de George Best eso solo puede significar una cosa: pavimentar de oro el camino hacia el derrumbe definitivo.

Iconología de un mito

LOS MUROS DE BE(LFA)ST

Teniendo en cuenta las graves limitaciones que el uso común, especialmente en los países anglosajones, atribuye al término «iconografía», propongo revivir el de «iconología», antiguo y hermoso, cada vez que la iconografía se sustraiga al aislamiento y se integre con cualquier otro método, histórico, psicológico o crítico, que pueda servir para intentar resolver el enigma de la esfinge.

ERWIN PANOFSKY

When I find myself in times of trouble(s),
Mother Mary comes to me
Speaking words of wisdom,
Let it be.
And in my hour of darkness
She's standing right in front of me
Speaking words of wisdom,
Let it be.

Mamá Mary-Annie se ha ido. Se fue en 1978 por abusar del alcohol, y su dulce *Let it be* para George termina asumiendo el peor de los significados: inconscientemente, se deja ir y se hunde más y más en el torbellino de la dependencia, en un lento y largo descenso, no sin pausas significativas, pero por desgracia sin retorno, *until the end.* Mientras tanto, la antipolítica intenta demoler todo su espacio vital; cada asidero a la felicidad queda borrado incluso de su memoria. Al igual que Best, Belfast, su ciudad natal, está siendo destrozada por el recrudecimiento de la lucha por la independencia y se adentra en un periodo de enfrentamientos sin precedentes, de los cuales todavía hoy quedan marcas por doquier. Las obras de arte callejero ofrecen un testimonio icónico de los momentos y los personajes destacados de aquel tiempo sangriento. Caminar por Belfast es como leer una novela gráfica sobre los *Troubles*.

El hecho de que una mujer católica, Michelle O'Neill, líder del Sinn Féin desde 2017, se haya convertido en ministra principal de Irlanda del Norte[4] cuando este «cromo» termina de escribirse, además de ser emocionante desde el punto de vista político, abre escenarios (in)esperados desde el punto de vista histórico-artístico. El nombramiento confiere de inmediato un nuevo significado a las mismas imágenes que quien escribe buscó hace unos días y ahora observa en directo frente a los muros de Belfast. En la singular historia de esta ciudad se confirma la convicción de que los murales son, dentro de las artes

---

4   El título de *First Minister of Northern Ireland* le correspondía *de iure* desde las elecciones de 2022, pero solo le fue ratificado al cabo de dos años debido al bloqueo del DUP, el Partido Unionista, que al negarse a participar en el Gobierno arrojó al país a una crisis política bienal. [*N. del E.:* Al cierre de esta edición, Michelle O'Neill sigue en el cargo de ministra principal].

plásticas, una forma de expresión casi completamente independiente. Como si fueran habitantes de la ciudad, estas piezas deben ser interrogadas allí donde estén, en su contexto específico: espacial, temporal, sociopolítico; al mirarlas, hay que ser conscientes de la continua transformación que sufre el sentido de las obras, porque en perpetua mutación están las relaciones que establecen con la realidad viva en la que se insertan. En Belfast, como en Derry, los murales unen el pasado y el presente, mirando hacia el futuro; son memoria histórica e intención política, asocian a las ideas directrices, acciones ya realizadas y acciones por realizar, adaptándose simbióticamente al contexto cambiante. Si antes de O'Neill profetizaban la segura pero futura victoria, ahora se acercan a la narración de la realidad.

Ya sean de republicanos, ya de unionistas, los *murals* se han pintado desde el comienzo del conflicto, centrándose especialmente en las líneas que separan los barrios. Originalmente servían, entre otras cosas, para demarcar y reivindicar territorios. Después de la firma de los acuerdos, se han mantenido, por supuesto, como un fuerte instrumento de memoria, pero también se han convertido en una importante herramienta para la búsqueda y el fortalecimiento de la «paz». Todavía hoy, los muros —impresionantes tanto por la dimensión como por la forma— de las llamadas *peace lines* dividen las zonas protestantes de las católicas, extendiéndose por la ciudad hasta sumar una longitud total de decenas de kilómetros. Están casi completamente cubiertos por letras e imágenes, separadas o unidas entre sí, y los nuevos murales flanquean o reemplazan a los viejos. Todos, salvo raras excepciones, tienen carácter y contenido fuertemente político.

En las zonas más candentes durante el conflicto, como Falls y Shankill (West Belfast), se encuentran las obras más famosas. En algunas se exalta solo la importancia y la fuerza de la acción colectiva; en otras emergen, fácilmente reconocibles, uno o más héroes de referencia. Justo en Falls Road, a poca distancia del Irish Republican Museum, en la fachada de una típica construcción de ladrillo (sede del Sinn Féin), se encuentra un coloridísimo mural dedicado a Bobby Sands, el poeta combatiente elegido al Parlamento mientras estaba en prisión. El gran retrato está enmarcado por una cadena rota que sigue el perfil del edificio, mientras a la derecha y a la izquierda del rostro, en blanco sobre fondo azul cielo, aparece su célebre frase: «Todos, republicanos y no republicanos, tienen un papel específico que desempeñar. Nuestra venganza será la risa de nuestros hijos». Bobby Sands fue para Irlanda del Norte el equivalente de lo que Michael Collins fue para el resto de la tierra de Erín. Murió el 5 de mayo de 1981, en una de las cárceles especiales de la Dama de Hierro, en protesta contra las condiciones inhumanas en que vivían los presos en los infernales Bloques H. Su vida acaba en Long Kesh, después de una larga huelga de hambre, sacudiendo las conciencias dentro y fuera de los confines de las islas enfrentadas. Frente a las protestas de las asociaciones internacionales pro derechos humanos, en la Cámara de los Comunes Thatcher no encuentra mejores palabras que estas: «Bobby Sands era un criminal. Eligió quitarse la vida». De la misma manera, se dejará morir a otros diez reclusos del IRA, los *Hunger Strikes,* que con la huelga de hambre trataban de recuperar el estatus de presos políticos. El mural dedicado a Sands exalta, incluso por el tipo de encuadre empleado, primer plano de cintura para arriba, la estatura del revolucionario intelectual y artista que se contrapone a aquellos que han elegido egoístamente el silencio o la indiferencia. De este conocido y hermoso mural también llama la atención un poético detalle situado en la parte inferior derecha, donde, a contraluz de los colores del atardecer, se destaca la figura de la esperanza encarnada por un músico, un acordeonista.

En la cercana Northumberland Street, sobre el llamado *Solidarity Wall,* hay otra imagen histórica digna de mención, dada la extrema actualidad del tema. Se ven dos brazos cubiertos por las banderas de sus respectivos países sobresaliendo entre los barrotes de las celdas, dispuestas simétricamente una frente a la otra, y en el centro un fuerte apretón de manos entre un preso del IRA y otro palestino. El apoyo a todos los pueblos del mundo que sufren la ocupación y la segregación (económica, política, étnica o racial) es uno de los temas presentes con más fuerza en los *murals* republicanos. Colores y temas se transforman sin posibilidad de equívoco al pasar a las zonas de matriz unionista. Se nota una mayor oscuridad cromática y la insistencia en los *leitmotivs* de un nacionalismo con fuertes connotaciones militaristas. La mano roja del Ulster, las insignias paramilitares y la continua referencia a las figuras de la Casa Real son los motivos más comunes junto con el llamativo recordatorio de las víctimas civiles y militares causadas por los actos del IRA. Mucho más a menudo que en los territorios católicos se encuentran amplias paredes ya no cubiertas por trabajos realizados manualmente, sino por fríos paneles impresos con composiciones digitales más o menos elaboradas.

Después de recorrer de cabo a cabo las rutas principales y secundarias de la ciudad y después de cruzar algunos viejos puestos de control entre barrios (con doble puerta y la correspondiente franja neutral) quedan claras dos cosas: la primera se refiere a la historia del lugar y nos dice que, para describir la situación actual, la palabra «tregua» es quizás más apropiada que «paz»; la segunda se refiere a la narración «icónica» de dicha historia y reafirma la singularidad de un género que tiene las características de un verdadero ciclo gráfico-pictórico multiautoral.

En el marco de este relato centrado en la figura de George Best, el ya de por sí complejo fenómeno se hace aún más interesante en virtud del papel y del delicado valor que adquieren los muchos trabajos dedicados al legendario campeón. George Best es un icono absoluto, y emblemático es el uso que se hace de su imagen en los *murals.*

Desde el principio hasta el final de las hostilidades, un chico guapo y delgado ha logrado una tarea imposible: unir. Sus hazañas las recuerdan tanto aquellos que tuvieron la fortuna de admirarlas en directo como aquellos a los que solo se las han contado, debiendo estos últimos contentarse con ver en una pantalla fragmentos de partidos o secuencias concentradas de genialidad.

Permítaseme un breve inciso.

Los vídeos de esas mágicas jugadas tienen otro sabor si se ven en casa de los Best, cerveza en mano, sentados en el sillón del *living room,* como si de un momento a otro el mismo George pudiera darte una palmada en la espalda y luego señalar con el dedo invitándote a concentrar la atención en un gesto en particular, uno de esos que, sin la intervención personal del autor, no hubieran podido existir.

Todos, en el momento en que él saltaba al campo, ya fuera con el Manchester United o con la selección nacional, se olvidaban de ser católicos o protestantes y se ponían, hombro con hombro, a animar a Georgie. Haberse retirado súbitamente, por causa del destino o por voluntad propia, o por el furioso conflicto en su patria, hizo que el talento y la imagen del chico de Cregagh Estate se convirtieran en un patrimonio compartido y unificador. Por eso, después de la firma de los acuerdos, en la laboriosa construcción de un nuevo espacio de distensión y diálogo entre las facciones, sus muchas apariciones diseminadas por las paredes de las diferentes zonas de la ciudad han demostrado ser una herramienta excelente para diluir el veneno y la memoria de la sangre que, en cambio, los otros murales cuentan y sellan.

Para confirmar la fragilidad de este patrimonio, hay que decir que algunas de las obras dedicadas a George Best se han perdido, ya sea por deterioro natural o porque fueron cubiertas por nuevas representaciones.

Tal es el destino que les ha tocado a los conocidos murales de Woodstock Road (East Belfast) realizados cerca de la Nettlefiel, la escuela primaria que frecuentaba el pequeño campeón. En una pared de ladrillos pintados de blanco, George aparecía retratado con el balón en los pies; la figura, que transmitía una impresión de velocidad prácticamente palpable, era casi monocromática, en tonos grises azulados, flanqueada por los bustos de otras estrellas del fútbol irlandés. Ya muy deteriorado en el momento de la muerte del protagonista, hubo que restaurarlo para rendir el último homenaje al féretro a su paso hacia Stormont, en dirección al palacio del Parlamento donde se celebraría la solemne ceremonia de despedida. Hoy la obra ha sido completamente cubierta por un mural muy naíf. Sin embargo, quedan las fotos, incluyendo algunas muy hermosas de la colección de Getty Images.

El ídolo vuelve a aparecer de cuerpo entero en el 2 de Blythe Street, esquina con el 182 de Sandy Row (South Belfast). Aquí Best está en el centro de un rectángulo tan alargado que le altera ligeramente las proporciones; lleva la camiseta roja, a la izquierda el escudo de los *Red Devils,* y a la derecha la cruz de la Irish Football Association. A primera vista parecería una obra de contenido políticamente «neutral», como el uniforme fondo gris; sin embargo, al mover la mirada un poco más a la derecha, en estrecha continuidad con el de George, encontramos otro mural con función de marca territorial. Es el retrato en orgullosa memoria de Robert Dougan, comandante de la South Belfast Brigade, la sección operativa en este barrio de la ciudad del grupo paramilitar lealista UDA (Ulster Defence Association).

Más o menos a una milla de distancia en dirección suroeste, se encuentra el estadio nacional de fútbol: Windsor Park. Es el hogar de la selección y del Linfield, el equipo símbolo y orgullo de los protestantes. En el interior, como es obvio, Best ocupa un amplio espacio en la reconstrucción de la historia de la selección norirlandesa, pero es fuera del estadio donde descubrimos otra efigie suya, esta vez en forma de escultura de bronce. La estatua fue desvelada con ocasión de su septuagésimo tercer cumpleaños y se encuentra en el lado oeste de la estructura, en Lisburn Road. Para los aficionados de todo el mundo que visitaban Windsor Park, hasta hace unos diez años era parada obligatoria el llamado «muro de las leyendas». En la pared que sostiene la escalera de desmontaje del Windsor Park Footbridge (el puente peatonal que cruza la vía férrea), George Best fue inmortalizado junto a Sammy McIlroy, Billy Bingham y otros grandes futbolistas de la selección de Irlanda del Norte, dentro de un arco ciego revestido con ladrillos pintados de azul. Sobre ese fondo se destacaban, por contraste, el blanco y el rojo del uniforme de los *Devils;* rodillas bajas y torso fuertemente inclinado, la postura que preludia otro adversario destruido por su *dribbling* mortal. Después de la renovación del puente, todo lo que queda es una superficie blanca.

Subiendo hasta el 22 de York Road (North Belfast), en una pared lateral del Times Bar, encontramos el retrato de Best a la izquierda de otro ídolo de la selección nacional, David Healy, quien anotó el 7 de septiembre de 2005 el gol de la victoria contra los ingleses durante la fase de clasificación para el Mundial 2006. Ambos están vestidos de verde y envueltos en banderas, que confieren a la obra una orientación inequívoca: el estandarte con la mano roja para George y la Union Jack para David. En el centro de la escena prevalece la cruz de la Irish Football Association sobre una mancha verde con el contorno de los territorios del Norte; abajo, a modo de cierre para el marco, el eslogan que reafirma la matriz política del mural: OUR WEE COUNTRY («nuestro pequeño país»).

Merece ahora especial atención, por calidad y dinámica de realización, uno de los últimos trabajos dedicados a nuestro ídolo. Es obra del artista Dee Craig y se encuentra justo detrás de la casa familiar en Burren Way. El gigantesco retrato, de medio cuerpo y esta vez con el traje verde de la selección nacional, es extraordinariamente realista; desde la pared donde se lo ha representado, Best puede mirar a los niños jugar en el mismo campo donde comenzó su aventura. *«A mural of football legend George Best has been reinstated on the Cregagh Estate he called home— overlooking the green where it all began for the Belfast Boy»*, se lee en un artículo del *Belfast Telegraph.*[5] Los niños que hoy tienen la suerte de acudir aquí lo llaman con cariño «el Georgie Best», y se ha decidido proteger «a perpetuidad» este césped, por ley, mediante un acuerdo entre el Ayuntamiento de Belfast y la organización benéfica Fields In Trust. Anunciado en 2017, suspendido por culpa de la pandemia, el magnífico mural fue finalmente inaugurado en 2022 entre el júbilo de la comunidad, encabezada por Grace, la hermana de George. Otra de las razones por las que la obra es tan apreciada en el barrio es porque los residentes eligieron en 2020 entre seis opciones, voto en las urnas incluido. Todas las alternativas incluían inscripciones junto a la imagen, en sintonía con la tradición más consolidada en los murales de la ciudad. Aquí, por el contrario, se decidió que el icono puro era la mejor solución, también como fuente de inspiración para los pequeños cracks en ciernes.

---

5   A. Cochrane, «Mural of Cregagh hero Best "back home where it belongs"», *Belfast Telegraph,* 9 de marzo de 2022.

Para comprender bien las diferentes formas y objetivos con que se utiliza la figura de Best, queda todavía un caso por considerar. En 2018, de nuevo una organización benéfica, ahora East Side Partnership, le encargó al mismo artista, Dee Craig, otro trabajo importante titulado *The Luminaries and Legends*. El mural se realizó en una pared del East Side Visitor Centre y recoge todos los iconos deportivos y culturales de East Belfast. Junto a la figura más grande y visible de George Best en la parte superior derecha, camiseta roja y brazos abiertos, están retratados la leyenda del blues Van Morrison, el escritor C. S. Lewis, autor de *Las crónicas de Narnia* (a quien también está dedicada la plaza vecina), Danny Blanchflower (otro futbolista irlandés que jugó en el Manchester United), el actor y director de teatro James Ellis, el guitarrista Gary Moore y el ecléctico músico y compositor David Holmes; un equipo de ídolos «positivos» que, ubicado en una parte de la ciudad con una identidad lealista bien marcada y reconocible, se erige en una especie de baluarte de valores alternativos para ser preservados y desarrollados. El objetivo declarado y buscado por el centro cultural del East Side es promover e infundir en las nuevas generaciones una idea positiva y unitaria del futuro de Belfast a partir de las grandes figuras de la cultura y el deporte.

Al final, como era inevitable después de varios intentos, George Best fue, a su pesar, arrastrado y situado en medio de los acontecimientos histórico-políticos de su tierra, aunque se le ha reconocido, de forma casi unánime, el papel que él reivindicaba para sí, es decir, el del futbolista-artista contrario y ajeno a los sectarismos: el portador de paz y belleza.

Y fue en ese momento cuando George, el héroe rebelde y solitario, se convirtió en una gran molestia para aquellos que nunca han querido la paz y tal vez aún no la quieran.

En 2010, con motivo del quincuagésimo aniversario de su debut con la camiseta roja del Manchester United, el Ayuntamiento de Belfast financió con 1500 libras una intervención de arte callejero dedicada a la memoria del ídolo futbolístico. La operación formaba parte del Proyecto Paz III bajo el título «Afrontar las manifestaciones físicas del sectarismo». El nuevo mural dedicado a Best —situado en Inverwood Court, en Sydenham, zona noreste de Belfast, muy cerca del aeropuerto que lleva su nombre— sustituyó a uno anterior impulsado por la UVF (Ulster Volunteer Force), una organización paramilitar lealista, que había sido muy bien recibido por la comunidad, horno podrido de violencia en todas sus formas. El contenido, ahora «tipificado», consistía en otro retrato de medio cuerpo del jugador corriendo con la camiseta verde, entre los escudos de la selección nacional (izquierda) y del United (derecha). Encima de este último estaba también el escudo-logo de la promotora, la Sydenham Historical and Cultural Society. Poco después de completarse la obra, la UVF quiso sin embargo reafirmar su presencia borrando la pacífica imagen de Georgie. El verde esmeralda/esperanza de la camiseta fue oscurecido por la horrible figura de un paramilitar encapuchado ametralladora en mano. A la derecha del soldado, sobre un fondo negro, aparece el siguiente eslogan: *«Freedom is never voluntarily given by opressor, it must be demanded by opressed»* («El opresor nunca concede la libertad por voluntad propia; debe ser el oprimido quien la reclame»). Las palabras del líder más manso y devoto del mundo, Martin Luther King, violadas por una figura que representa la subversión del mensaje.

Una decepción para cualquiera que siga esperando la victorial final de la belleza; una derrota que, «por suerte», al menos George pudo evitar; una historia con una trama tristemente similar a la que en 2017 involucró a Banksy y el mural realizado en Dover después del Brexit. Se veía a un obrero que trepaba por una altísima escalera, con un cubo y un pincel, para borrar la duodécima estrella dorada del campo azul de una enorme bandera de la Unión

Europea. Valor estimado: once millones de libras. *Removed!*

Misteriosamente eliminado en tiempo récord, en el trascurso de un fin de semana. La aplicación del Brexit podría hacer que se prenda de nuevo la mecha de las desavenencias entre los irlandeses; un riesgo que, paradojas del destino, se debe a lo estipulado en el acuerdo de paz de 1998 en materia de barreras arancelarias e intercambios comerciales entre las dos partes de la isla.

Excluyendo deliberadamente el tiempo mágico y pletórico de los años sesenta, no podemos concluir este apunte sobre la dimensión icónica de George Best sin una breve referencia al evento que lo devolvió a la cima de la popularidad, cuando el legendario rebelde del fútbol, al morir, fue elevado de forma definitiva al territorio del mito.

El de Georgie es el funeral más seguido en la historia reciente del Reino Unido, inmediatamente después, claro, del de Lady Di.

Hay quien habla de cien mil, otros de quinientos mil asistentes. En casa de los Best pueden encontrarse aún tres números históricos de *The Daily Belfast* dedicados al último y conmovedor adiós que la ciudad quiso dedicarle. Se describe con todo detalle, incluida la lista de canciones que sonaron, lo que a todos los efectos fue un funeral de Estado, celebrado como lo exige la etiqueta en el elegante palacio neo-palladiano de Stormont.

En el mar de palabras y fotos que documentan la triste jornada del 3 de diciembre de 2005 hay una imagen particularmente emotiva y que logra evocar, mejor que todas las demás, la verdadera naturaleza de George Best, un hombre esencialmente tierno que conservó hasta el final una conexión muy especial con los más pequeños.

En la escalera monumental que lleva a la entrada del Parlamento, con el punto de fuga que culmina en la fachada de templo griego típica de los edificios del maestro véneto, se ve a dieciséis niños dispuestos en dos filas de ocho. Todos llevan un uniforme de fútbol inmaculado, con la camiseta blanca y los pantalones y los calcetines blancos, todos excepto uno, que, por supuesto, lleva con orgullo la camiseta verde de la selección nacional. Todos, evidentemente, miran, conmovidos e incrédulos, pasar por última vez en medio de ellos al ídolo, ahora mito, de un país entero.

Es difícil imaginar un mejor «pasillo de honor» para el mejor jugador de Irlanda.

En la casa de los Best, en el centro de la mesa redonda de la sala de estar, hay, entre otras publicaciones, un gran libro que da la bienvenida a los visitantes. En ese libro se encuentran la foto antes descrita y otro documento importante: una carta. Reproducimos un fragmento significativo:

> Los grandes críticos del fútbol decían que, por sus dotes técnicas, no parecía un atleta europeo, sino más bien un atleta brasileño que bailaba samba con el balón en los pies. George Best es, hasta hoy, un jugador sin parangón, y su enorme talento jamás será olvidado. ¡Descanse en paz![6]

Firmado: Pelé.

---

6   La carta, fechada el 16 de septiembre de 2010, puede leerse en el magnífico libro ilustrado *George Best Will Not Be Playing Today*, George Best Foundation/Ulster Historical Foundation, Belfast, 2011.

What a beautiful goal! What a beautiful rebel

Jadis, si je me souviens bien, ma vie était *un festin où s'ouvraient tous les coeurs, où tous les vins coulaient.*

Un soir, j'ai assis la Beauté sur mes genoux. Et je l'ai trouvée amère. Et je l'ai injuriée.[7]

Fue el poema en nueve secciones de Rimbaud, que murió *maudit* a los treinta y siete años, lo que me indicó qué George Best debía contar. Este cromo viste de verde porque treinta y siete fueron las actuaciones del ídolo con la selección nacional y nueve las redes que perforó con el uniforme color esmeralda. Por no hablar de la profunda asonancia entre el

---

7   «Antaño, si mal no recuerdo, mi vida era un festín donde se abrían todos los corazones, donde todos los vinos corrían. Una noche, senté a la Belleza en mis rodillas, y la encontré amarga. Y la insulté». Copiamos aquí la traducción española de J. Escobar Moreno publicada en A. RIMBAUD, *Una temporada en el infierno. Iluminaciones*, Alianza Editorial, Madrid, 2011⁶, p. 29. *(N. del E.)*.

íncipit poético antes citado y el más famoso de los aforismos atribuidos al rebelde genio irlandés: «He gastado un montón de dinero en alcohol, mujeres y coches rápidos; el resto lo he malgastado».

De *Spirit in the sky* a *Une saison en enfer,* pasando por Belfast… Sin la guía adecuada en ciertos viajes es inevitable perderse, sobre todo si no es la primera etapa, sino la última, la que esconde los peores peligros. Con estas premisas y con el «corazón afligido», se ha hecho necesaria la búsqueda de un cicerone apropiado para dejarse acompañar en medio del campo. El autor perfecto para este tramo final de la carrera es Pier Paolo Pasolini; de entre todos los poetas, el más profundamente apasionado del fútbol, el hombre que intentaba practicar cada día el deporte que consideraba «la última representación sagrada de nuestro tiempo». Nadie mejor que quien ha frecuentado los campos polvorientos de los arrabales puede ayudarnos a entrar en la cabeza de un trasto como Georgie, nacido y criado en las afueras. Por tanto, hay que seguirlo humildemente.

Cuando el poliédrico intelectual friulano se pone a esbozar su pequeño ensayo sobre «el lenguaje del fútbol»,[8] inmediatamente divide a los jugadores entre

---

8   Véase P. P. Pasolini, «El fútbol "es" un lenguaje con sus poetas y sus prosistas», en Id., *Manual corsario,* A. Ryker (ed.), Altamarea,

prosistas y poetas, subrayando al mismo tiempo que no se trata de un juicio de valor, sino solo de una especificación técnica. En el mundo del balón, como en el de la escritura, se distingue entre prosistas realistas y prosistas poéticos (los llamados elzevirianos); de la misma manera, también entre los poetas se distingue a los realistas de los extravagantes o *maudits*.

Dice Pasolini que el fútbol como lenguaje refleja en su conjunto la cultura de un pueblo, por lo que en algunos países —como Italia— se expresa de manera esencialmente prosaica (aunque estética), mientras que en otros se practica un juego de casi pura poesía. El fútbol latinoamericano, por ejemplo, centrado en el «chispazo», es decir, en el *dribbling* y en el gol, es poético. El europeo, en cambio, es «sistémico», se basa en lo colectivo, domestica o incluso desprecia el individualismo del poeta para «reducirlo» al factor, aunque decisivo, de un discurso que debe desarrollarse según un esquema definido, respetando una sintaxis precisa.

Teniendo presente esta visión compartida, uno puede imaginar lo que debió pasar por la mente de Bob Bishop al observar al pequeño Best del Creghan

Madrid, 2022, pp. 269-274. También en V. Curcio, *El fútbol según Pasolini*, F. C. Gardiner (tr.), Altamarea, Madrid, 2022², pp. 135-143. *(N. del E.)*.

Boy's Club mientras humillaba despiadadamente a sus rivales de dieciocho años del Boysland en las canchas parroquiales. Seguramente caería víctima del mismo hechizo que un par de años más tarde alcanzó a los cerca de cincuenta mil espectadores presentes en Old Trafford. Para ser exactos, hablo del 14 de septiembre de 1963, el día en que *the Belfast boy* debuta con el Manchester United. Los *Red Devils* se enfrentan en casa al West Bromwich Albion y el entrenador Matt Busby finalmente alinea en la banda derecha a un joven de diecisiete años que cambiará para siempre la historia del fútbol europeo. El joven George no anota, pero aun así participa en la jugada del gol de Sadler que establece el 1-0 definitivo. Corre y se divierte, da la impresión de no afectarle la presión del estadio; solo hay alguien al que sus acciones vuelven más loco que a los aficionados: el ardiente defensa del WBA Graham Williams, el pobre hombre a quien habían encargado frenarlo. El primer gol de Best llegaría apenas unos meses después, el 28 de diciembre, para poner la guinda en un partido de FA Cup contra el Burnley que terminó 5-1; pero, mientras tanto, las proezas del duende irlandés, fulmíneas como su esprint, estaban ya en boca de todos. Y todos a la vez, entrenador y compañeros de equipo, tendrán que acostumbrarse poco a poco a ese inusual fenómeno y a sus imprevisibles salidas; todos deberán inclinarse ante la idea de que es inútil, además de contraproducente, pretender resistirse al encanto poético, intentar domar la fantasía, enjaular la inspiración en un esquema. ¡Es evidente que este chico es un genio, y a los genios hay que dejarlos hacer!

Delgado, el pelo y las patillas que crecen largas y gruesas, la camiseta ajustada que se desliza por fuera del calzón a lo largo del cuerpo «gótico» pese a no ser especialmente alto, las medias casi siempre subidas hasta la rodilla, rara vez caídas hasta el tobillo, Best marca goles de belleza aterradora y perfecta modernidad. Como dice Pasolini: «El secreto del juego moderno, a nivel individual, es combinar la máxima precisión con la máxima velocidad: correr como locos y ser, a la vez, finos estilistas». George no es teatral ni arrogante en la celebración, al contrario, exulta con sobriedad: levanta el brazo y saluda, al público que delira, con la mano apenas abierta que recuerda a la del Cristo crucificado de Giotto (cuya melena pelirroja lo hace más irlandés que el propio George), y mientras saluda se ríe, con esa sonrisa que derrite a las mujeres, con la boca, con los ojos, con la cara. La cabeza, sin embargo, permanece alta el tiempo estrictamente necesario; al cabo de un momento, cuando echa a correr de regreso al círculo central, la agacha y se revela la verdadera alma del chico tímido de Belfast que, de repente, se ha dado cuenta de que está en el centro de una maravillosa pero abrumadora atención.

Además del físico enjuto, además de la profunda pasión por el Eros y el fútbol, además de las camisetas número 7 y número 11 (la que Ninetto pondrá en la tumba de su amigo el día del funeral), lo que más une a Pier Paolo «Stuka» y George «The Best», al espíritu guía y al protagonista de este sueño futbolístico, es la manera en que «interpretaron» el arte y la vida: dos poetas malditos, dos rebeldes, dos portadores de luz y caos. Y si aquella imagen «religiosa» de Lucifer puede parecer demasiado aterradora, siempre podremos recurrir al más «clásico» Prometeo.

Fonemas o podemas, qué más da, lo importante es componer versos que sacudan el alma, subvertir el orden, escandalizar, llegar al cielo para poder mostrarlo mejor y luego descender hasta las profundidades del infierno, desafiando el miedo a no poder regresar de él. Malditos para siempre en la distinta, espasmódica búsqueda de lo bello, unidos por la misma bendición: la felicidad de las horas pasadas en el campo de fútbol. Ningún futbolista, según la pasoliniana semiótica del fútbol, es más *maudit* que George Best, el rebelde, quien revolucionó para siempre el fútbol europeo. Pero ¿hasta qué punto fue un rebelde, hasta qué punto un revolucionario?

Según los mitos judíos y griegos, la historia del hombre fue inaugurada por un acto de desobediencia. [...] No quiero decir con esto que cada desobediencia sea una virtud y cada obediencia, un vicio. [...] El ser humano capaz solo de obedecer, y no de desobedecer, es un esclavo; quien solo sabe desobedecer y no obedecer, es un rebelde (no un revolucionario).

Así dijo, no Pasolini, sino Erich Fromm en el ensayo *La desobediencia como problema psicológico y moral*. Rebelde es aquel que se levanta en armas contra el vencedor o, por extensión, contra la autoridad; pero, yendo más allá del estricto significado etimológico de la palabra, en el concepto de rebelión hay un sentido de subjetivismo romántico que choca con la «visión racional» del revolucionario. Prerrogativa del revolucionario es el proyecto que se desarrolla en el tiempo, sobre la distancia, guiado por una teoría, por una idea en devenir y del devenir, una prefiguración de lo que vendrá después de la lucha generada por el rechazo del *statu quo*. Un rebelde, en cambio, que quiere permanecer en Inglaterra, como Robin Hood, tiene ante sí el destino del héroe y su evolución en leyenda porque los modos y los tiempos de su acción lo llevarán casi inevitablemente a una sustancial, aunque gloriosa, derrota. La derrota, la caída forman parte del guion; dan al personaje un encanto irresistible: el héroe debe ser desdeñoso de la muerte, dispuesto al sacrificio extremo. El rebelde demuestra así un increíble valor, no pocas veces mezclado con una considerable dosis de inconsciencia, pero al mismo tiempo puede verse limitado por la falta de otro objetivo, de un propósito concreto que no sea de corto alcance, *hic et nunc*.

«Cuando el fútbol lo era todo y yo jugaba bien, no veía el momento de despertar por la mañana: era mi única razón de vivir. Cuando el juego ya no fue suficiente para sacarme de la cama, no vi ninguna otra razón para dejar de beber».

Para estas palabras del chico de Belfast, el decadente (nacido en Dublín) Oscar Wilde dejó indicaciones interpretativas precisas. Las puso en aquel diamante que es el prefacio a *El retrato de Dorian Gray*, en el que escribe: «El artista es creador de belleza. […] El artista no tiene preferencias morales. Una preferencia moral en un artista es un imperdonable amaneramiento de estilo. […] Todo arte es completamente inútil».[9]

No es casualidad. En 1974, Best abre en Mánchester un nuevo local, el Oscar's, con *pub, wine bar*

<hr />

9 Copiamos la traducción española de J. L. López Muñoz publicada en O. WILDE, *El retrato de Dorian Gray*, Alianza Editorial, Madrid, 2011⁷, pp. 9-10. *(N. del E.)*.

y una planta entera dedicada a banquetes privados bautizada «Dorian Gray».

La belleza alcanza el culmen cuando es como debe ser: ¡un fin en sí misma! Así como lo es en el fondo el «gesto», la acción del poeta rebelde, espectacular como los fuegos artificiales, porque es en su naturaleza efímera como se amplifica la maravilla.

El 13 de octubre de 1976 se cruzan los caminos de un rebelde con camiseta verde y de un revolucionario con camiseta naranja. Los bombos de la UEFA decretan que entre el treintañero George Best y el veinteañero Johan Cruyff solo uno llevará a su selección al Mundial de Argentina 78. Georgie, que dejó el United hace cuatro años y ya ha anunciado y luego desmentido varias veces su retirada del fútbol, es acorralado por un periodista del *Daily Express* de Mánchester. Ya se conocen los adjetivos usados para Maradona y Pelé, *good* y *better* respectivamente, y se deshace en halagos cuando le preguntan por Cruyff; califica al holandés como un jugador «excepcional», pero no quiere que haya dudas de quién es *(the)* Best. Así que cuando el cronista le provoca abiertamente preguntándole si Johan es mejor que George, la estrella reacciona con irritación y responde profetizando lo que va a pasar en el césped.

A los pocos minutos del inicio del partido, Best recibe el balón y, en lugar de mirar a la portería rival, cruza horizontalmente el campo, de izquierda a derecha, driblando a quien lo separe del capitán de la Naranja Mecánica. Al llegar a Cruyff, después de un par de fintas, le tira un caño y recupera la pelota. Mientras rodea a su adversario, levanta el brazo, como cuando marca un gol. Con ello parece haber emitido la siguiente declaración dirigida al mundo, a los espectadores, al periodista y al holandés volador: «Tú eres el mejor de todos, pero solo porque a mí ya no me queda tiempo».

El partido terminará en empate, 2-2, y del grupo 4 (Países Bajos, Bélgica, Irlanda del Norte e Islandia) a Argentina irán precisamente los neerlandeses, que sin su fantástico capitán perderán 3-1 en la final contra los anfitriones, bajo la mirada del temible dictador Videla.

Para los espíritus rebeldes, el revolucionario, con sus convicciones y su rigurosa actitud, puede incluso parecer un enemigo peligroso, casi un espejo que reflejara lo que no se quiere llegar a ser.

El revolucionario es aquel que toma el fuego sagrado del rebelde y lo lleva a otro plano temporal. Lo que resulta aún más aterrador es que está dispuesto a destruir su armadura individual (o más bien individualista) para ponerse al servicio de la colectividad. El revolucionario tiene uno o más objetivos de largo alcance; ataca la realidad injusta para

llegar más o menos pronto y más o menos violenta-
mente a una nueva realidad que es la inversión de la
anterior. También en este aspecto puede entrar en
conflicto con el «rebelde puro», ¡con aquello que es
George Best!

No le gustan las tácticas en el fútbol, no las so-
porta. Él mismo nos lo dice. Es feliz cuando tiene
carta blanca, disfruta cuando es totalmente libre de
moverse por el campo de batalla. Es mortífero como
extremo, casi imposible de marcar en el uno contra
uno, pero en un momento dado, en el apogeo de
su rendimiento, plenamente maduro y consciente
de su singularidad y de su fuerza, empieza a abar-
car cuantas funciones le ofrece la mitad del terreno
contrario. Dejado a su aire, completamente impre-
decible, se vuelve aún más letal y magnífico de ver
en todas las posiciones de ataque, todas menos una
—lo sabe y está algo celoso de Bobby Charlton—:
la del delantero centro.

En su época dorada es imparable, marca goles a
racimos y de todos los colores: con el pie derecho,
con el izquierdo, de cabeza, de lejos y de cerca, en
estilosas acrobacias o con feos remates propios de un
ratón de área. *The Best* se convierte en *The Worst,* la
peor pesadilla de los defensas y de los porteros. Es
varias veces máximo goleador, e incluso en las rachas
más preocupantes de consumo de alcohol mantiene

unos registros notables. Sueña y realiza todo lo que se le pasa por la mente. Confiesa, cándido, que todo le resultaba fácil y natural. Antes del episodio con Cruyff hay otra perla que no entra en el recuento de los nueve actos poéticos consumados con la selección nacional. Ocurrió en el partido contra Inglaterra el 15 de mayo de 1971. Después de una jugada de ataque, Best, que está casi en la línea de fondo en el área contraria, comienza a seguir como un pícaro a Gordon Banks —el portero campeón del mundo en 1966, convertido en ídolo de los aficionados por un «superparadón» a un peligroso testarazo de Pelé— y, cuando este se dispone a lanzar despreocupadamente el cuero, que ya está en el aire, Georgie suelta una patada con la pierna izquierda que se convierte en un sombrerito, le roba la pelota, lo supera en la carrera y de cabeza la mete en la red. El desesperado intento de Banks por atrapar al pillo resulta bastante ridículo. Es un gol tan burlón e irreverente que incluso el árbitro, indignado, decide intervenir para salvar el honor del portero. Alega un juego peligroso inexistente y con esa decisión absurda convierte el hermoso gol «injustamente» anulado en el más célebre de la historia del fútbol.

Les pasa a todos los hombres demasiado libres y fuera de los esquemas; en algún momento hay que darles una lección, hay que contenerlos. Al poder le gusta la diversión, pero no puede tolerar la exuberancia ni el exceso de felicidad. Inglaterra, ni que decir tiene, ganará el partido con un gol manchado a causa de una evidente falta por mano cometida en el mediocampo al inicio de la jugada.

No pasará mucho tiempo antes de que toda la libertad otorgada al genio por sus entrenadores degenere en «anarquía» y egoísmo; George, paralelamente a la progresiva bajada en su rendimiento, empieza a forzar sus jugadas cada vez más a menudo, olvidando pasar la pelota al compañero que está mejor posicionado que él para marcar. Los ángeles más brillantes, se sabe, arden sin restricción, explotan, se desgastan rápidamente. La carrera de George Best se puede describir muy bien con las palabras del doctor Eldon Tyrrel, el creador de los replicantes de *Blade Runner,* cuando habla con su hijo Roy, rebelde y asesino: «La luz que arde con el doble de brillo se consume en la mitad de tiempo, y tú siempre has consumido tu vela por ambos extremos, Roy. ¡Mírate! Eres el hijo pródigo. Eres motivo de orgullo». La velocidad con que se consumió la vela de Best solo es comparable a la de sus regates o a esas diagonales con el balón pegado al pie que parecían ráfagas. Roy/George materializó en el césped muchas cosas que nosotros, los humanos (los adoradores del balón), no podíamos ni imaginar. Es el Ícaro del fútbol moderno. Aquel que fue, metafísicamente, más allá de sí mismo, también en el sentido literal de ir más allá de las posibilidades físicas de su propio cuerpo.

Pero durante la caída, antes del desastroso impacto final, el ángel George Best atraviesa la atmósfera como un asombroso cometa que se desintegra, y los pedazos producen a su vez destellos de suprema poesía visual. Temporada 1971/72, novena jornada de liga, First Division, encuentro Manchester United-West Ham. En un Old Trafford lleno hasta la bandera, George Best, ese día con la camiseta roja número 11, convierte un admirable *hat-trick* al equipo del duro Bobby Moore, *the defender,* aquel a quien Pelé había honrado intercambiándole la camiseta tras enfrentarse en el Mundial, momento inmortalizado en una foto histórica. Geordie se burla tres veces de la defensa, la primera de cabeza, la segunda, en caída, con una sucia tijereta, y la tercera con una obra maestra demencial de velocidad, técnica y precisión que establece el definitivo 4-2. Un gol que podría verse una y otra vez, hasta el infinito. Recibe el balón por la izquierda, aniquila al lateral con un doble quiebro y ataca el espacio sin dudar. Moore le sale al paso, pero es superado con un toque hacia el centro y, sin darle oportunidad de recomponerse, Best destroza al portero con un disparo feroz al primer palo.

Todo resulta aún más *insane* si se relaciona con la temeraria vida que el crack lleva, cada vez con mayor intensidad, fuera del campo. Cosas que destruirían las funciones vitales básicas de cualquier ser humano «normal», y no digamos ya si, además, luego sale al campo y firma estas actuaciones. Pero son, cada vez más, una rareza. Destellos, precisamente. Best, cuando no gana, se aburre y se desmoraliza. No sabe ni quiere echarse el equipo a la espalda. Todavía en el United, se lamenta y se marchita progresivamente ante la merma en la calidad de la plantilla; la selección de un país pequeño como el suyo tampoco lo podrá llevar a ninguna parte. Poco a poco empieza a perder el amor por el balón. Y no se le concederán, en vida, ceremonias de consagración ni un último saludo a los seguidores-aficionados. Abandona un día Old Trafford entre lágrimas, tras sentarse en las gradas solo, reviviendo en su cabeza los momentos de gloria pasada hasta que un guarda del que había sido su templo lo invita amablemente a marcharse porque es hora de cerrar. Si el rebelde ya no puede brillar, prefiere apagarse, y así comienza a declarar la guerra incluso a sus propios propósitos. Así es como el bebedor termina por superar, rápida y definitivamente, al jugador. Fuera del campo no hay nada. Ninguna causa lo llama. Best es el fútbol y el fútbol es Best. Esto es lo que él probablemente piensa, la verdadera razón por la que no aprueba ninguno de los «nuevos Best» que le proponen.

De entre los héroes que él mismo reunió en una frase, Pelé es el único que nunca se ha rebelado contra nada; en este sentido, el apodo que se le ha atribuido es muy acertado: *O Rei,* el Rey. Es el poeta más grande, tal vez, pero solo para los amantes de los poetas cortesanos. Edson Arantes do Nascimento es un hombre de poder y de sistema; le gustan las cúpulas y asume, después de retirarse, cargos institucionales de importancia.

Maradona, por otro lado, por naturaleza e historia personal, siempre se inclina contra cualquier *establishment,* encarna sin ambages y cada vez más conscientemente las demandas de la parte de la sociedad y del mundo del deporte que se encuentra sometida al poder, y por esta actitud debe pagar las amargas consecuencias; lucha hasta el último aliento sin perder la ternura. Despreciado en Barcelona por su origen humilde, por sus rasgos, llega a Nápoles para echarse un equipo y una ciudad sobre los hombros, para convertirse en «el ídolo de los niños pobres».

George, en cambio, es un bohemio guapo, convencido e incorregible, uno de esos para los que el arte se puede mezclar al máximo con el amor. La política, salvo como un eco lejano, mejor mantenerla fuera del radar lo máximo posible. Sin olvidar que el poder y sus reglas, sobre todo sus reglas, están hechos para ser violados. Si nos adentramos en el espacio metafórico del arte pictórico, se podría decir que Pelé es el equivalente a un maestro del Renacimiento, es artista, pero es amigo de los príncipes, su poesía ha alcanzado tal grado de perfección teórico-técnica que se ha transformado en una poderosa norma de referencia, un término último de comparación que puede incluso utilizarse académicamente para discernir lo que es arte de lo que no. Es muy probable que Pelé nombrara a Best como el mejor jugador del mundo solo porque vio en él una especie de anomalía, una forma de excepcionalidad que no puede sino confirmar la regla: el mejor soy y siempre seré yo.

Maradona es Picasso: ¡el minotauro! El hombre moderno que conserva todavía el poder del chamán prehistórico, que de la vida lo ha visto todo y ha puesto toda la vida en su arte: Eros y Thánatos que se atraen mutuamente en una danza perpetua.

George es el tipo de artista que odia con todo su ser a los adictos al trabajo, incrédulo ante la locura y el odio de que son capaces los hombres, aterrado por la codicia, el arribismo, la sed de poder. Demasiado luminoso para ser un Caravaggio. El fútbol —su arte— debe ser liberado de los excesos de la razón y de las ataduras de las reglas académicas, hay que romperlas para abrir espacio a la intuición, a los sueños y a las emociones. Todo debe ser sublime, terriblemente incontrolable. Best es como William Turner, pionero del Romanticismo. En la furia de sus acelerones y de sus repentinos cambios de dirección, el balón se asemeja a un copo de nieve agitado por la tormenta. Hay que buscar y escenificar lo inalcanzable, pintar lo irrepetible. Luego, después de la admiración desconcertada por el espectáculo, uno solo puede esperar seguir vivo, calcular los daños y reflexionar sobre las dimensiones del fenómeno observado, inmensamente por encima de las minúsculas fuerzas humanas.

Pero Georgie, ya debería estar claro, no es todo *Sturm und Drang*. El gesto más hermoso para describir su alma quizás nadie lo ha señalado nunca, y es aquel que dirige al adversario que acaba de intentar partirle las piernas. Sucede a menudo con los jugadores imposibles de marcar, te sacan de quicio, te hacen perder la compostura y la paciencia hasta desencadenar la peor de las pulsiones humanas: la violencia ciega. Por supuesto, un *dribbleman* como Best no puede sino ocupar un lugar destacado en la clasificación de los jugadores más maltratados. Después de sembrar el pánico y la frustración en los oponentes, cuando el balón, demasiadas veces escondido y alejado, vuelve a escapar del alcance del defensor de turno, entonces solo queda apuntar a las pantorrillas, las espinillas, los tobillos, los pies del poeta. La última opción sigue siendo la falta mortal. Y aquí es donde aparece el artista romántico, el genio que ha admirado el abismo sin descomponerse. Tirones, empujones, codazos, golpes, patadas, zancadillas. Después de la caída, Best siempre se levanta tan rápido como puede (si puede), agarra el balón y se acerca de inmediato al oponente con los brazos extendidos, se lo ofrece como un regalo, como un niño que se hubiera dado cuenta de que ha abusado de sus habilidades superiores humillando a un compañero de juego. Es un gesto que no se espera; aunque, por otro lado —se podría pensar—, al fin y al cabo creció en Inglaterra y el *fair play* lo inventaron ellos. Luego, de repente, llega la sorpresa que esquiva el *fair play* y da paso al humor, al *British* concretamente. Entonces uno se da cuenta de que el gesto es solo una burla educada, pero sádica. Cuando el adversario, sorprendido, no reacciona, él le deja el balón en el pasto, cerca de los pies, como para decir: «Venga, cógelo, ahora quiero que juegues tú también»; pero, cuando el rival cae en la trampa y extiende a su vez los brazos para tomar el cuero, George se gira en el último segundo y se lo lleva, driblándolo una vez más, como diciendo: «No has podido con los pies y nunca podrás, ni siquiera con las manos. No vas a tener el balón hasta que yo quiera. Cuando lo diga George Best: ¡el mejor!».

Agradecimientos

Un agradecimiento especial al amigo fraterno Gino Linguetta, que en las gradas del Maradona (entonces estadio San Paolo) hizo nacer una hermosa amistad, la que ahora me une al compañero Giovanni Salomone. Sin Gino no hay Giovanni, sin Giovanni no hay Rosario, sin Rosario no hay George. Gracias a Salvatore Greco por las charlas y los preciosísimos consejos sobre el arte de escribir. Gracias a mi hermano Giuseppe Impiombato, referencia esencial en materia de política y literatura. Gracias a mi cuñado Giuseppe Bova, apoyo lingüístico y divertido compañero de viaje en la emocionante aventura vivida en Belfast tras las huellas de Best. Pero, sobre todo, gracias a mi bella y paciente esposa Elena, que ha hecho posible todas o casi todas las mejores cosas de mi vida.

Índice

«El fútbol es la última representación sagrada
de nuestro tiempo. Es rito en el fondo,
y también es evasión».

Pier Paolo Pasolini